Dreh dich nicht um, der Plumpsack geht rum

Spiele von damals für Kinder von heute

Text von Astrid Wisser
mit Bildern von Birgit Thoene

W0376674

CARLSEN

Inhalt

Für Janni-Marei,
Gesche,
Britta und Manuel

3. Auflage 1994
10.–14. Tausend
© Carlsen Verlag GmbH, Hamburg 1992
Einband von Birgit Thoenes
Einbandtypographie von Lutz Dreckmann
Satz: KCS GmbH, Buchholz/Hamburg
Druck und Bindearbeiten: Graphischer Großbetrieb, Pößneck, GmbH
Lektorat: Eva Bobzin
ISBN 3-551-18021-0
Printed in Germany

Dreh dich nicht um, . . .

Ich bin mitten in einer Großstadt aufgewachsen – zu einer Zeit, als es hinter den Mietshäusern noch breite, sandige Höfe zum Teppichklopfen und Wäschetrocknen gab. Wenn die Leinen leer waren, tobten wir dort umher. Oder wir spielten vorne auf der Straße. Da kam nur ab und zu mal ein Auto vorbei. Mit einem dicken Stock oder der Hacke vom Schuh malten wir unsere Spielfelder in den Sand. Auf Asphalt und Gehwegplatten zogen wir die Linien mit einem Stückchen roten Ziegel, von uns ›Malstein‹ genannt. Die Striche wurden niemals ganz gerade. Aber was machte das schon aus? Keiner von uns hatte ein Zimmer für sich allein. Deshalb trafen wir uns, sobald die Schularbeiten fertig waren, draußen zum Spielen.

Zuerst kamen die Kleinen, die noch nicht so viele Aufgaben zu machen hatten. Jeder brachte etwas mit: einen Ball, ein Seil, ein paar Murmeln. Nach und nach tauchten dann auch die Großen auf. Schließlich war eine ganze Horde beisammen. Genug Kinder für spannende Mannschaftsspiele: Jägerball, Räuber und Gendarm, Dritten Abschlag . . . Die einfachen Regeln mit ihren manchmal schon von Straße zu Straße unterschiedlichen Varianten kannte jeder.

Aber wer weiß heute noch etwas darüber? Schade wäre es, wenn alles gänzlich in Vergessenheit geriete. Schön wäre es, wenn ich mit diesem Buch die Freude an alten Spielen bei groß und klein wieder wecken könnte.

Es sind Schulferien. Ina ist bei ihren Großeltern zu Besuch. Sie haben ein gemütliches Bauernhaus in einem kleinen Dorf. Da gibt es eine Menge Kinder, mit denen Ina besonders gern zusammen ist. Und die Oma weiß noch so viele schöne Spiele von früher.

»Na, Ina, hast du Langeweile?« fragt Oma. »Willst du

Seifenblasen

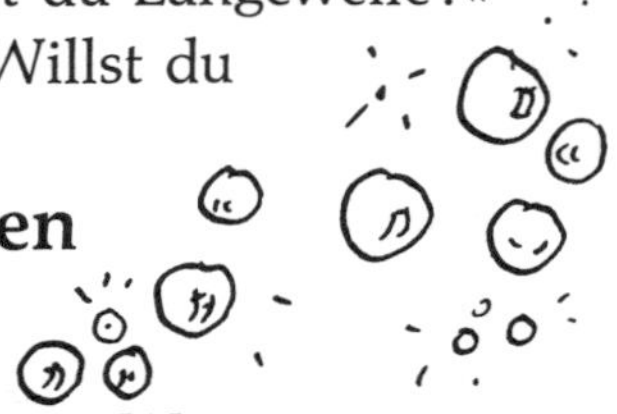

machen?«
Oma gießt etwas Wasser in einen Becher und spritzt einen großen Schuß Neutralseife dazu. »Das mußt du jetzt gut umrühren«, sagt sie zu Ina und gibt ihr einen von den dicken, gestreiften Strohhalmen. »Wenn du ihn unten am Ende einschneidest und etwas auseinanderbiegst, werden die Seifenblasen größer.«

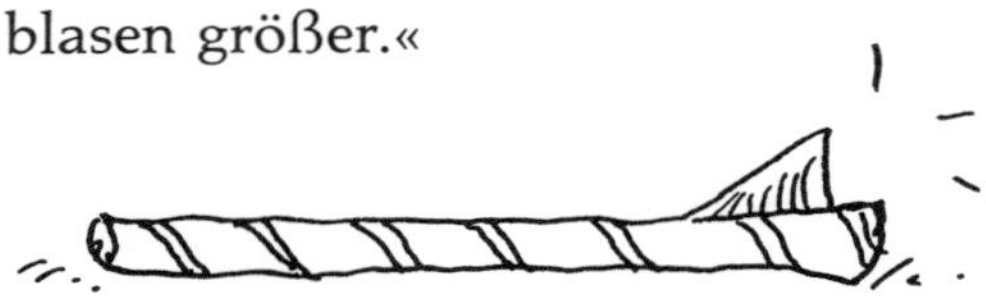

Ina läßt die schillernden Ballons über den Hof segeln und träumt ihnen hinterher. Sie pustet durch ihren Strohhalm in den Becher, daß es gluckert.
»Hallo, Ina!« Timo vom Nachbarhaus kommt durch die kleine Pforte. Er hat einen großen bunten Gummiball unter dem Arm. »Wollen wir spielen? Komm, ich zeig dir die

Ballprobe

Du mußt den Ball zuerst zehnmal an die Wand werfen und wieder auffangen«, erklärt er. »Das ist ganz einfach. Aber es wird immer schwieriger. Anschließend mußt du den Ball an die Wand werfen und ihn noch einmal mit der Faust gegen die Wand zurückboxen, bevor du ihn auffängst. Und das wieder zehnmal.« Beim zweitenmal fällt Timo der Ball aus der Hand. Deshalb ist er ab, und Ina kommt an die Reihe. Sie schafft die Werf- und Box-Probe ohne Fehler.

»Jetzt mußt du den Ball an die Wand werfen und noch einmal zurückköpfen, bevor du ihn auffängst«, erklärt Timo weiter. Auch das glückt Ina zehnmal hintereinander ohne Fehler.
»Jetzt kommt das Allerschwerste: Du mußt den Ball zehnmal hinter deinem Rücken herum und unter deinem linken Arm hindurch an die Wand werfen und wieder auffangen.«

Inas Oma kommt aus dem Haus und sieht den beiden beim Ballspielen zu.
»Wir haben früher immer die

Fünfziger-Probe

gespielt. Die geht so:
Den Ball zehnmal hintereinander mit der rechten Faust gegen die Wand zurückboxen, dann dasselbe zehnmal mit der linken Faust, anschließend zehnmal köpfen, dann noch zehnmal mit der Schulter und zuletzt zehnmal mit dem Knie.«
Oma schafft es fast ohne Fehler. Nur einmal fällt ihr der Ball zwischendurch auf den Boden.

»Na, das klappt ja noch ganz gut«, meint sie zufrieden. »Vielleicht schaffe ich sogar noch die

Hunderter-Probe

Zuerst wird der Ball zehnmal mit der rechten Handfläche an die Wand zurückgeschlagen, dann zehnmal mit der linken Handfläche und zehnmal mit beiden Handflächen. Anschließend nimmt man zehnmal die rechte Faust, dann zehnmal die linke Faust und zehnmal beide Fäuste. Nun noch je zehnmal mit dem rechten und linken Handrücken, zehnmal mit gefalteten Händen und zehnmal mit dem Kopf.«
Sogar dieses Ballspiel gelingt Inas Oma fast ohne Fehler. Die Kinder probieren es auch, aber ihnen fällt der Ball immer wieder auf den Boden. Da hilft nur üben!
Inas Oma holt zwei alte Tennisbälle und sagt zu den Kindern:
»Jetzt zeige ich euch noch etwas für Könner: die

Zweier-Probe

Zuerst wirft man die zwei Bälle zehnmal hintereinander an die Wand und fängt sie jeweils mit beiden Händen wieder auf. Dann zehnmal nur mit der rechten und anschließend zehnmal nur mit der linken Hand.«

»Toll«, lobt Ina. Und auch Timo klatscht anerkennend in die Hände. »Fast wie ein Jongleur.«
Die Kinder versuchen, es der Oma nachzumachen. Aber es ist gar nicht so einfach, die beiden Bälle in gleichmäßigem Abstand und Tempo an die Wand zu werfen und wieder aufzufangen. »Kennst du ein Ballspiel, das etwas leichter ist?« fragt Ina.

Ihre Oma überlegt und sagt schließlich: »Versucht es doch einmal mit

Geschichten-Ball

Timo denkt sich eine schöne Geschichte aus. Und während er erzählt, spielt er mit dem Ball an der Wand. Wenn ihm der Ball auf die Erde fällt, bist du dran, Ina.

Dann erzählst du Timo eine Geschichte und spielst dabei mit dem Ball an der Wand, bis er dir aus der Hand rutscht. Dann ist Timo wieder an der Reihe. Er muß seine Geschichte da weitererzählen, wo er vorher aufgehört hat. Wenn Timo ab ist, kommt Ina wieder dran. Bis eure Geschichten zu Ende sind. Ihr könnt euch natürlich auch zusammen eine Geschichte ausdenken. Dann muß Ina an der Stelle weitererzählen, wo Timo aufgehört hat; und Timo erzählt dort weiter, wo Ina den Ball fallen läßt.«
»O ja, das bringt bestimmt Spaß«, freut sich Timo. »Also ich fange an: Es war einmal ein bunter Vogel . . .« Er erzählt und spielt mit dem Ball an der Wand, bis er ihm auf den Boden fällt.
»Jetzt bin ich dran«, meint Ina und holt sich den Ball. »Aber ich möchte lieber eine eigene Geschichte erfinden. Es waren einmal zwei Schwestern, die hießen Rosa und Gabi. Sie waren Zwillinge . . .«
So erzählen sich Ina und Timo gegenseitig ihre lustigen und spannenden Geschichten, während sie nebenbei mit dem großen, bunten Ball an der Wand spielen.

Am Nachmittag holt Ina ein Stückchen weiße Kreide aus der Hosentasche. »Wollen wir

Hinkefuß

spielen?«

Sie malt zehn Kästchen auf den Boden, und zwar fünfmal zwei nebeneinander. Jedes Kästchen wird ungefähr zwei Fuß lang und zwei Fuß breit. Timo schreibt die Zahlen von eins bis zehn hinein.

»Du kannst anfangen«, sagt er zu Ina. »Zuerst gehen.« Ina geht in der Reihenfolge der Zahlen von Kästchen zu Kästchen. Sie paßt auf, daß sie nicht auf die Linien tritt, denn sonst ist sie ab, und Timo kommt dran. In der nächsten Runde geht sie mit gekreuzten Beinen von Kästchen zu Kästchen. In der dritten Runde hopst sie, und in der vierten hinkt sie auf einem Bein.
Ina schafft alle vier Touren, ohne eine Linie zu berühren. »Das war leicht«, meint sie, »aber nun wird es schwierig. Jetzt muß ich alle Runden noch einmal schaffen, aber ohne hinzusehen.« Sie schließt die Augen, macht einen Schritt ins erste Kästchen und fragt: »Bin ich?« Timo antwortet: »Nein.« Aber schon beim zweiten Kästchen

tritt Ina auf eine Linie, und Timo antwortet auf Inas Frage »Bin ich?« mit »Ja«. Nun ist er an der Reihe. Auch Timo schafft die ersten Runden ohne Fehler. Erst in der sechsten Runde, beim Gehen mit geschlossenen Augen und gekreuzten Beinen, tritt er auf eine Linie und ist ab. »Jetzt bist du wieder dran«, sagt er zu Ina.
Ina beginnt bei der fünften Runde, in der sie vorher auf eine Linie getreten war. Sie schafft alle zehn Kästchen mit geschlossenen Augen ohne Fehler. Auch die sechste Runde mit gekreuzten Beinen gelingt ihr. Aber beim Hopsen in der siebten Runde springt sie auf eine Linie, und Timo antwortet auf ihre Frage »Bin ich?« mit »Ja«. Timo freut sich, daß er nun wieder sein Glück versuchen kann. Er beginnt mit der sechsten Runde und kommt ohne Fehler bis zur achten, der Hinke-Runde. Aber da berührt er im vorletzten Kästchen mit der Fußspitze eine Linie, und Ina ist wieder dran.
Auch Ina schafft die achte Runde nicht. »Hinken mit geschlossenen Augen ist schwierig«, stellt Timo fest und versucht es nun noch einmal ganz langsam. Nach jedem »Bin ich?« macht er eine kleine Pause und überlegt genau, wie weit er hinken muß, um mitten im nächsten Kästchen zu landen. Er hat Glück und schafft die Runde diesmal ohne Fehler. »Gewonnen, gewonnen!« freut er sich. Auch Ina versucht noch einmal ihr Glück mit der letzten Runde, aber sie hinkt schon gleich im zweiten Kästchen auf eine Linie. »Ich brauch eine Pause«, sagt Ina. »Laß uns einen Saft trinken gehen.«
Später spielen die beiden

Himmel und Hölle

Ina malt mit Kreide die Spielfelder auf: Erst ein großes Quadrat, das sie durch einen waagerechten und einen senkrechten Strich in vier kleine Kästchen teilt und von eins bis vier numeriert. Daran fügt sie noch ein großes Quadrat dazu, teilt es durch zwei diagonale Striche in vier Dreiecke und numeriert sie von fünf bis acht. Oben an die Mitte kommt noch ein kleines quadratisches Kästchen, in das sie eine Neun malt. Darüber zieht sie in ganzer Breite ein Rechteck. »Das ist die Hölle«, erklärt sie Timo und schreibt das Wort hinein. »Und nun kommt der Himmel.« Ina zieht

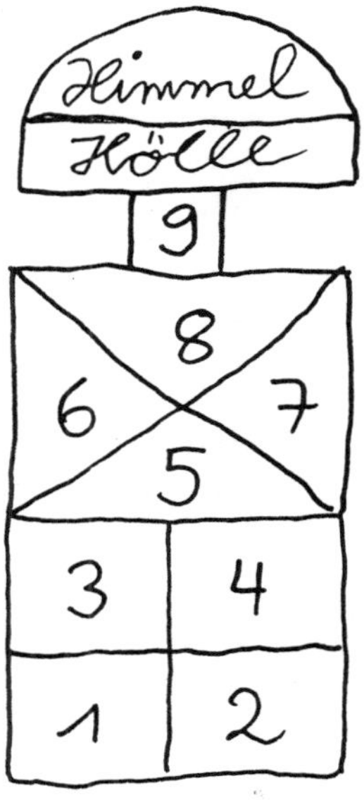

über der Hölle einen schwungvollen Halbkreis und malt ›Himmel‹ hinein. »Dies ist unser Hinkestein«, meint sie und nimmt einen glatten, flachen Stein in die Hand. Sie schiebt ihn ins erste Kästchen und geht hinterher. »Jetzt muß ich den Stein mit der Fußspitze immer weiter ins nächste Kästchen schubsen. Nur die Hölle wird übersprungen, und im Himmel darf man sich einen Augenblick ausruhen, bevor es in umgekehrter Reihenfolge wieder zurückgeht. Die zweite Runde beginnt im zweiten Kästchen, die dritte im dritten und so weiter. Der Anfang jeder Runde wird immer schwieriger; denn man muß den Stein ins richtige Anfangskästchen werfen und hinterherspringen. Wenn ich den Stein nicht mit einem einzigen Stoß ins richtige Kästchen ziele oder auf eine Linie trete, bin ich ab, und du kommst an die Reihe. Denk daran, daß du die Hölle niemals berühren darfst«, erinnert Ina. »Wenn du dich im Himmel ausgeruht hast, stößt du den Stein gleich zurück ins neunte Kästchen.«
»Und die allerletzte Runde beginnt im Himmel? Da muß man aber ziemlich gut zielen können. Und für den Sprung braucht man mindestens fünf Meter Anlauf«, überlegt Timo. Ina gewinnt. »Das ist ja kein Wunder«, meint Timo, »du hast bestimmt schon oft Himmel und Hölle gespielt.«
»Jetzt zeige ich dir, wie

Blume

geht«, sagt Timo.
Er malt einen dicken Stengel mit fünf Blättern und einer großen Blüte aus sieben Blütenblättern.

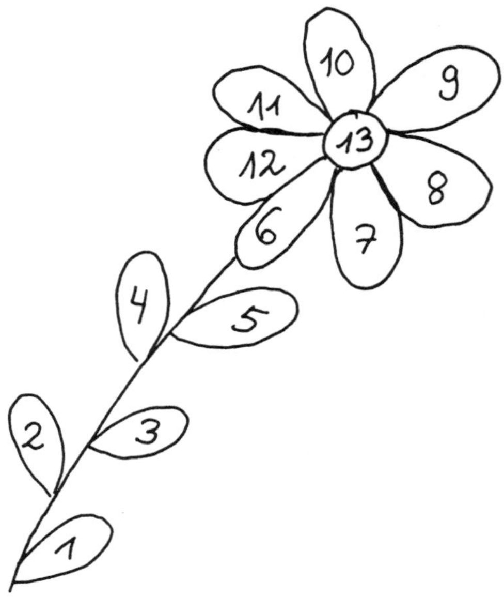

Anschließend schreibt Timo der Reihe nach die Zahlen von eins bis zwölf hinein. Er fängt beim untersten Blatt an. In die Mitte der Blume kommt dann noch eine große Dreizehn. »Das ist das Mal zum Ausruhen«, erklärt er Ina. »Du kannst anfangen. Zuerst mußt du den Hinkestein im Gehen von Blatt zu Blatt bis zur Dreizehn und wieder zurück stoßen. Die zweite Runde wird mit gekreuzten Beinen gespielt, in der dritten Runde mußt du hopsen und in der vierten hinken. Wenn du mit dem Stein oder deinen Füßen eine Linie berührst, bist du natürlich ab. Dann komme ich dran.«

(Ene dene dei,
die Henne legt ein Ei ...

Als Ina und Timo eine ganze Weile gespielt haben, kommt die Oma mit zwei großen Gläsern voll Saft. »Hier habt ihr etwas zum Durstlöschen. Ruht euch erst mal einen Augenblick aus. Währenddessen male ich das Spielfeld für

Wort-Hopse

Dazu braucht man vierundzwanzig Kästchen, und zwar vier Reihen zu sechs Quadraten. In jedes schreibe ich einen Buchstaben, aber nicht der Reihe nach, sondern wahllos durcheinander. Ihr müßt dann von Kästchen zu Kästchen springen und schnell ein Wort mit dem entsprechenden Buchstaben sagen. Wenn euch nicht sofort eins einfällt, kommt der nächste dran.«
»Aber mit manchen Buchstaben kenne ich kein Wort«, überlegt Timo.
»Ich habe X und Y weggelassen, erklärt die Oma. »Aber mit Q gibt es doch eine ganze Menge. Quatsch, Quark, Qualle . . . Na, euch wird schon etwas einfallen. Also, wer will anfangen? Bei A geht es los.«
Ina springt ins erste Kästchen und ruft: »Affe!« Im folgenden Quadrat steht ein Q. »Quadrat«, fällt ihr ein. Es klappt auch mit den nächsten Buchstaben, aber bei C zögert sie zu lange. »Halt, jetzt ist Timo dran«, bestimmt die Oma. Timo weiß ein Wort mit C: »Chemie.« Dafür hat er Probleme beim P. Das Spiel macht riesigen Spaß. Schließlich hopst auch die Oma mit.

»Na, bei euch geht es ja lustig zu«, freut sich Opa. Er nimmt den großen Gummiball und probiert

Eierlegen

Er wirft den Ball mit Schwung gegen die Wand, läßt ihn einmal auf den Boden prallen und springt dann breitbeinig hinüber. »Laß uns das auch mal probieren«, ruft Ina. »Du stellst dich hinter mich und fängst den Ball auf, wenn ich rübergesprungen bin. Dann wirfst du ihn an die Wand, springst hinüber, und ich renne zurück und fange ihn wieder auf.«
»Das sieht tatsächlich von hinten so aus, als ob du ein Ei legst«, stellt Timo fest. Die Kinder werfen, springen und rennen, bis sie ganz außer Atem sind.

»So, Schluß für heute!« ruft Oma nach einer Weile. »Es wird schon dunkel.«

... der Hahn kräht auf dem Mist, und du bist!

Am nächsten Tag schneidet Oma von ihrer alten Wäscheleine ein Stück ab. »Damit kann man prima

Seilspringen

Zähl mal, wie oft ich es ohne Fehler schaffe«, fordert sie Ina auf. Ina zählt bis dreiunddreißig. »Toll, Oma«, lobt sie. »Jetzt bin ich dran.« Sie springt und springt. Bei fünfzig meint Oma: »Halt! Du hast gewonnen. Aber kannst du es auch auf einem Bein?«
Natürlich kann Ina das. Und sogar rückwärts schafft sie es dreizehnmal. »Und wie klappt es mit gekreuzten Armen?« will Oma wissen. Das ist schon schwieriger. Oma kann es besser. »Spring doch abwechselnd einmal mit gestreckten und einmal mit gekreuzten Armen«, fordert sie Ina auf und macht es ihr vor. Ina probiert es immer wieder, aber es will ihr nicht recht gelingen. Sie verheddert sich beim Kreuzen immer wieder im Seil. »Das übe ich später allein«, sagt sie. »Wollen wir jetzt

Mutter ruft die Kinder rein

spielen? Du fängst an.«
Oma beginnt zu springen und sagt den Vers: »Mutter ruft die Kinder rein. Ina, Ina komm herein! Kommst du nicht, so hol ich dich. Mit dem Stock versohl ich dich ...« Ina läuft in das schwingende Tau und zählt zusammen mit ihrer Oma jeden geglückten Sprung: »Eins, zwei, drei, vier ...« Bei zwanzig läßt Oma das Tau los und stöhnt: »Puh, ich kann nicht mehr.« Nun möchte Ina auch einmal die Mutter sein. Zum Glück kommt Timo gerade wieder durch die kleine Pforte. Doch Timo möchte unbedingt

Zielwerfen

spielen.
»Dazu brauchen wir viele verschiedene Behälter.« Ina und Timo streifen über den Hof und suchen alles

zusammen, was ihnen brauchbar erscheint: eine leere Blechdose, eine kleine Holzkiste, einen flachen Pappkarton, eine runde Plastikschüssel, einen alten Wassereimer und einen abmontierten Autoreifen. »Das stellen wir jetzt in eine Reihe nebeneinander und schreiben Zahlen drauf. Die Dose ist am kleinsten; darauf kommt eine Sechs. Auf die Kiste eine Fünf, auf den Karton eine Vier, auf die Schüssel eine Drei, auf den Eimer eine Zwei und auf den Reifen eine Eins. Hier ist die Wurflinie.« Timo

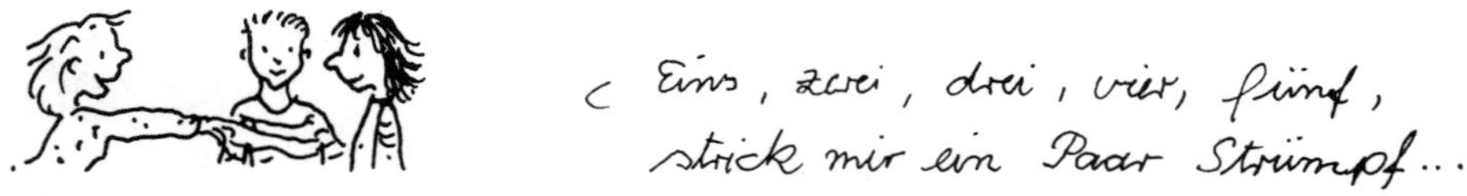

zieht in vier Schritt Entfernung parallel zu den aufgereihten Behältern einen Strich. »Die Zahlen sind die Punkte. Wir müssen beide versuchen, so viele Punkte wie möglich zu schaffen. Jetzt braucht noch jeder sechs Kastanien oder Eicheln zum Werfen.«
»Ich fange mit dem Reifen an. Das ist am leichtesten«, überlegt Ina. Auch in den Eimer und in die Schüssel trifft sie. Aber in die anderen Behälter schafft sie es nicht. »Schade, nur sechs Punkte«, bedauert sie. Timo ist ein besserer Werfer. Er trifft sogar die Blechdose und gewinnt in der ersten Runde schon sechzehn Punkte. Nach zehn Runden siegt Timo mit über dreißig Punkten Vorsprung.

»Laß uns jetzt

Wandkegeln

spielen«, schlägt Ina vor. »Da gewinne ich bestimmt.« Sie stellt drei leere Blechdosen in zwei Schritt Entfernung von der Wand pyramidenförmig auf und nimmt Timos großen Ball. »Jetzt mußt du den Ball so gegen die Wand werfen, daß er beim Zurückprallen die Dosen umwirft«, erklärt Ina und probiert es gleich aus. Aber der Wurf ist zu hoch, und die Dosen bleiben stehen. »Laß mich mal«, meint Timo. Er zielt sorgfältig ganz niedrig, und die Dosen rollen mit lautem Gepolter über den Boden. »Drei Punkte für mich!« freut er sich und gibt Ina den Ball zum zweiten Wurf. Diesmal schafft auch Ina drei Punkte. »Darf ich mitspielen?« fragt Opa. Ina gibt ihm den Ball. »Du darfst zweimal werfen, weil wir schon in der zweiten Runde sind.« Bei Opa fällt jedesmal nur die oberste Dose.

»Zwei Punkte für dich«, zählt Timo. »Wer zuerst fünfzig Punkte erreicht, der hat gewonnen.« Es wird ein spannender Kampf; denn viele Würfe gehen daneben. Schließlich gewinnt Ina.

...nicht zu groß und nicht zu klein,
sonst mußt du der Fänger sein!

»Jetzt baue ich euch

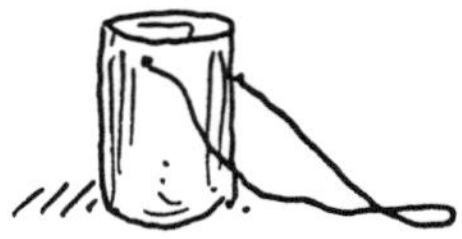

Dosenstelzen

Besorgt ihr mal von Oma die Rolle mit der Paketschnur«, sagt Opa zu den beiden Kindern. Er nimmt vier leere Blechdosen in seine Werkstatt und klopft mit Hammer und Nagel am oberen Rand jeder Dose – dort, wo die Dose geschlossen ist – zwei sich gegenüberliegende Löcher ins Blech. Dann schneidet er von der Schnur vier Stücke ab, jedes etwas mehr als doppelt so lang, wie die Entfernung zwischen Hand und Erdboden. Jedes Band wird mit seinen Enden in die Löcher einer Dose geknotet. Fertig sind zwei Paar Dosenstelzen für Timo und Ina.
Die Kinder sind zuerst ein wenig wackelig auf ihren verlängerten Beinen. Aber nach einigen Übungsrunden auf dem Hof klappt es schon ganz gut.
»Laß uns

Stelzen-Fußball

spielen«, schlägt Timo vor. Er malt ein Feld auf, teilt es mit einer Linie in zwei gleiche Hälften und holt den großen Gummiball. Aber es ist sehr schwierig, auf einem Fuß das Gleichgewicht zu halten und mit dem anderen zu schießen, ohne daß die Dose nach hinten kippt. »Du mußt die Dosen immer ganz, ganz fest unter den Schuh ziehen. Dann geht es besser«, stellt Timo fest. »Außerdem müssen wir das Spielfeld viel kleiner machen. Sonst erwischen wir den Ball niemals.«

Als die Kinder sich von dem anstrengenden Spiel auf der Gartenbank ausruhen, klopft Timo auf seine pralle Hosentasche und fragt: »Wollen wir jetzt

Murmeln

spielen?«
Timo schüttet die Murmeln aus. Er hat viele kleine aus Ton und große aus Glas mitgebracht. »Teil sie schon mal in zwei gleichgroße Mengen«, fordert er Ina auf. Er dreht in den sandigen Gartenweg mit seinem Schuhabsatz eine flache Kuhle, glättet den Erdboden darum herum und macht im Abstand von vier Schritten einen geraden Strich. »Das ist die Startlinie. Von hieraus müssen wir versuchen, Murmeln in die Kuhle zu werfen. Dazu nehmen wir nur die kleinen aus Ton«, erklärt Timo.

»Du kannst anfangen. Wir werfen abwechselnd jeder drei Stück.«
Inas erste Murmel bleibt weit vor der Kuhle liegen. Timo gelingt es besser. Er zielt mitten hinein. Alle anderen Murmeln der beiden landen rechts und links vom Loch.
»Jetzt müssen die Murmeln, die draußen liegen, mit einem einzigen Stoß in die Kuhle gerollt werden. Ich bin zuerst dran, weil von mir schon eine im Mal ist.« Timo krümmt seinen rechten Zeigefinger und gibt der am dichtesten beim Loch liegenden Murmel damit einen vorsichtigen Stoß.
»Geschafft«, freut er sich. »Jetzt die nächste.« Diesmal nimmt er zuviel Schwung, und die Murmel rollt durchs Loch und auf der anderen Seite wieder hinaus. »Nun bist du dran, Ina.«

Das Mädchen klopft den Boden zwischen Murmel und Kuhle glatt und gibt sich große Mühe, richtig zu zielen. Sie hat Glück. Auch die nächste Murmel landet im Mal. Nur bei der allerletzten, die noch so weit entfernt ist, gelingt es Ina nicht. Diese Murmel bleibt dicht vor der Kuhle liegen. »Nun bin ich wieder dran«, freut sich Timo und schubst seine Murmel ins Loch.
»Gewonnen!« Er nimmt sich die sechs Kugeln aus dem Mal.

In der nächsten Runde schafft es keiner der beiden, eine Murmel ins Loch zu werfen. Alle landen daneben. »Jetzt fängst du an zu stoßen«, sagt Timo zu Ina, »weil eine von dir am dichtesten beim Mal liegt.« Diesmal gewinnt Ina die sechs Murmeln, und die Kinder haben wieder gleich viele.

Opa sieht den beiden zu. Er nimmt die Glasmurmeln in die Hand und fragt: »Wißt ihr auch, wie man

Ditschen

spielt?
Die Regeln sind so ähnlich wie bei eurem Murmelspiel. Aber zusätzlich darf man beim Einwerfen versuchen, eigene Murmeln dichter ans Mal heran oder fremde weiter weg zu ditschen. Ich zeige euch, wie es gemacht wird.«
Opa zielt von der Wurflinie auf Timos Murmel, die ganz dicht am Rand der Kuhle liegen geblieben ist. Er trifft sie auch tatsächlich.

Aber anstatt weiter wegzuspringen, rollt Timos Kugel durch den Zusammenstoß genau ins Mal hinein. »Das war natürlich verkehrt«, bedauert Opa und versucht es gleich noch einmal. Der Wurf sitzt besser. Diesmal trifft er Inas Murmel, die von dem Aufprall weit hinter das Loch fliegt, während seine Kugel hineinrollt. »Na, also«, freut sich Opa. »Ihr beiden könnt das Ditschen jetzt ein bißchen üben. Ich habe noch in der Werkstatt zu tun.«

Opa will nämlich für Timo und Ina einen

Tippel

schnitzen.
Er sägt von einem gut daumendicken Rundholz ein eineinhalb Finger langes Stück ab und spitzt es an beiden Seiten an. Mit einem stabilen Stock ritzt Opa draußen auf dem Hof ein schmales, längliches Loch in die Erde. »Was machst du denn da?« möchte Ina wissen und kommt neugierig näher. »Ich will euch mein Lieblingsspiel zeigen. Das habe ich früher beinah in jeder freien Minute gespielt«, antwortet Opa.
Er legt den Tippel quer über das Loch, schiebt den Stock darunter und schießt den Tippel mit aller Kraft über den Hof. Dann legt er den Stock quer über das Loch. »Timo, du mußt jetzt mit dem Tippel von der Stelle aus, wo er liegengeblieben ist, auf den Stock zielen. Wenn du ihn triffst, bin ich ab.« Timo versucht es, aber der Tippel verfehlt sein Ziel.

Opa nimmt den Stock in die Hand, tippt damit kräftig auf eine Tippelspitze, so daß das kleine Hölzchen hochspringt, und schlägt es so weit wie möglich weg. »Die Schritte zwischen Tippel und Loch zählen für mich als Punkte«, erklärt Opa und legt sich das Hölzchen für den nächsten Schuß zurecht. »Du darfst dich dicht ans Loch stellen und versuchen, den Tippel zu fangen. Dann bist du näher am Stock und triffst ihn leichter«, sagt Opa zu Timo. Diesmal klappt es, und Timo kommt an die Reihe.
»Wenn du das Hölzchen beim Tippeln zweimal in der Luft triffst, zählen deine Schritte doppelt. Am besten ist es, wenn du ihm erst

einen leichten und dann noch einen kräftigen Schlag gibst, damit er so weit wie möglich vom Loch wegfliegt. Das bringt am meisten Punkte«, verrät Opa und zeigt, wie man richtig tippelt.
Ina möchte es auch versuchen, und Opa meint, die beiden sollen eine Weile üben und dann zusammen gegen ihn spielen.

Am Nachmittag kommt Timos Freund Andi mit seiner Schwester Suse vorbei.
»Wollen wir zusammen

Liebesball

spielen?« fragt Ina.
»Ich denke mir einen Jungsnamen aus, und ihr müßt ihn raten. Stellt euch in eine Reihe.« Ina holt den großen Ball und wirft ihn dem ersten zu. »Wer den Ball hat, ist dran. Wenn er keinen Namen weiß oder falsch rät, muß er den Ball weitergeben. Also los. Mein Name fängt mit R an.« – »Ralf«, rät Timo. Suse tippt auf Rüdiger und Andi auf Rolf. Aber Ina sagt: »Falsch«, und beginnt mit der nächsten Runde. »Der zweite Buchstabe ist ein O.« Die Kinder überlegen. Timo und Suse geben den Ball gleich weiter, weil ihnen kein passender Name einfällt. Aber Andi ruft: »Roland!« Das ist richtig. Nun kommt er nach vorne und darf sich einen Namen ausdenken. »Aber du mußt einen Mädchennamen nehmen«, erinnert Ina ihn an die Spielregeln. Sie möchte zu gerne wissen, in wen Timo verknallt ist. Vielleicht verrät er sich bei diesem Spiel?

Als den Kindern keine Vornamen mehr einfallen, wechseln sie zu

Halli-Hallo

Timo wirft den Ball zu Ina und sagt: »Ein Gegenstand mit U.« Ina gibt den Ball zurück und rät: »U-Boot?« Timo schüttelt den Kopf und wirft Suse den Ball zu. »Ungeheuer?« fragt sie. Aber Timo schüttelt wieder den Kopf und wirft den Ball zu Andi weiter. »Uhr?« tippt dieser. »Falsch«, antwortet Timo und verrät für die zweite Runde den nächsten Buchstaben: »Ein N.« Endlich kommt Suse auf das richtige Wort: »Unterhose!« ruft sie.
Diesmal schüttelt Timo nicht den Kopf. Statt dessen prallt er den Ball mit aller Kraft auf den Boden, so daß er hoch in die Luft springt. Timo schreit laut: »Halli-Hallo!« und rennt schnell weg. Suse fängt den Ball und ruft: »Stopp!« Timo bleibt sofort stehen, dreht sich zu Suse um und hält die Arme im

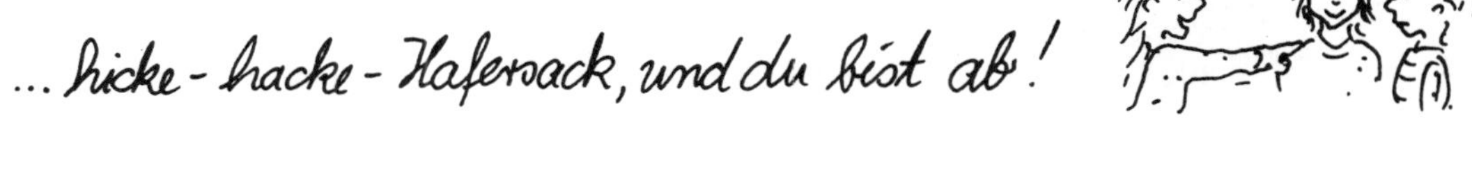

Kreis vor seinen Körper. Suse muß den Ball hindurchwerfen. Gelingt es ihr, so darf sie den Ball nehmen und sich einen Begriff ausdenken, den die anderen erraten müssen. Aber Suse zielt vorbei. Deshalb ist Timo noch einmal dran, und Suse muß sich als letzte zu den anderen in die Reihe stellen. »Ein Gegenstand mit B«, sagt Timo jetzt, als er Ina den Ball zuwirft. Es dauert diesmal ziemlich lange, bis einer das Wort errät. Erst in der siebten Runde, als schon die Buchstaben »Bienenw« bekannt sind, kommt Andi drauf: »Bienenwachs.«

Als jeder mal dran war, spielen sie

Eins, zwei, drei, wer hat den Ball?

Andi nimmt den großen Ball, und die anderen stellen sich dicht um ihn herum. Andi ruft: »Eins, zwei, drei, wer hat den Ball?« und prallt den Ball mit Schwung auf den Boden, so daß er hoch in die Luft springt. Die anderen versuchen, den Ball zu fangen, oder laufen so schnell wie möglich weg. Andi auch. Ina hat den Ball erwischt. Sie ruft: »Halt!« und alle müssen sofort stehenbleiben. Nun versucht Ina, jemanden mit dem Ball abzuwerfen. Sie zielt auf Suse, weil die dicht bei ihr steht, und trifft. Nun ist Suse ab. Jetzt muß sie den Ball aufprallen und rufen.
Falls es einem Fänger nicht gelingt, jemanden abzuwerfen, muß er als nächster den Ball aufprallen und rufen.

Später kommt Inas Oma mit einem langen Stück von ihrer Wäscheleine zu den Kindern und gibt es ihnen als

Springtau

»Kein-Seier!« rufen Suse und Andi sofort. Sie müssen darum nicht das Seil schlagen, sondern dürfen zuerst springen. »Erst mal nur durchlaufen«, erklärt Ina. »Dann einmal springen und wieder raus, anschließend zweimal springen

und so weiter. Wer einen Fehler macht, ist ab und muß schlagen.«

Springen macht Spaß. Darum beschließen sie,

Montag, Dienstag, Mittwoch

zu spielen.
Ein Kind stellt sich in die Mitte vom Springtau, alle zählen gemeinsam bis drei, und dann beginnen die Schläger zu schlagen.

Der Springer ruft die Wochentage und springt im Takt der Silben. Bei »Sonntag« läuft er aus dem Tau, und der nächste ist dran. Wer einen Fehler macht, ist ab und muß schlagen.

»Laßt uns jetzt

Teddybär

spielen«, schlägt Suse vor.
Sie läuft ins Tau, springt und sagt dazu den Vers:
»Teddybär, Teddybär, dreh dich um!
Teddybär, Teddybär, mach dich krumm!
Teddybär, Teddybär, heb ein Bein!
Teddybär, Teddybär, das ist fein!
Teddybär, Teddybär, zeig den Fuß!
Teddybär, Teddybär, wie alt bist du?
Eins, zwei, drei, vier, fünf, sechs, sieben, acht!«
Suse läuft raus. Sie hat es geschafft.
Nun ist Timo dran. Aber als er ein Bein heben muß, hakt er hinter das Tau und ist ab. Bei Ina klappt es prima. Sie zählt und springt und kann überhaupt nicht wieder aufhören. »Wie alt bist du?« fragt Suse, als Ina schon bei achtzehn angelangt ist.
»Halt, jetzt ist

Schiffchen, Schiffchen

dran«, ruft Andi. »Wißt ihr, wie das geht?«
Er sagt den Vers und erklärt Ina und Timo, was sie mit dem Tau zu machen haben:
»Schiffchen, Schiffchen fahr nach Rom!

Und die Wellen schlagen hoch.
Der Kaiser von Rom,
der hatte einen Sohn.
Der Sohn war zu klein,
um Kaiser zu sein.
Da stieg er auf die Leiter,
immer, immer weiter
und blieb stehen!
Zuerst bewegt ihr das Tau nur hin und her, während ich springe. Bei dem Wort ›hoch‹ fangt ihr an zu schlagen, zuerst langsam und dann immer, immer schneller. Bei dem Wort ›stehen‹ haltet ihr sofort an. Also los!« Andi wiederholt den Vers und springt dazu. Die beiden Schläger steigern langsam das Tempo, bis Andi fast nicht mehr mitkommt. Am Ende hat er einen knallroten Kopf und ist ganz außer Atem. Nun möchten es alle einmal probieren. Andi muß den Vers sagen, weil die anderen ihn noch nicht richtig kennen.

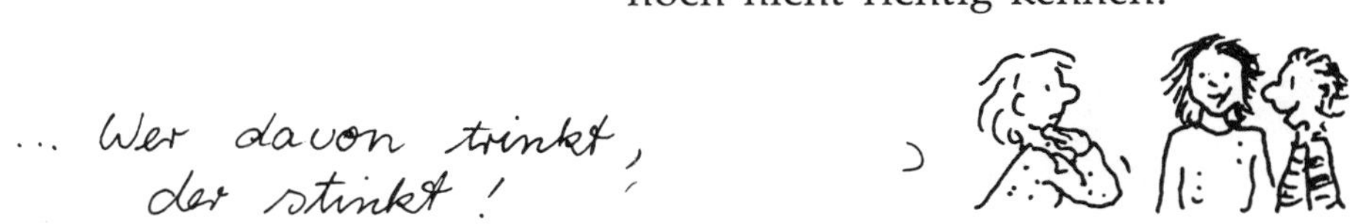

Anschließend spielen die Kinder

Springkreis

Timo legt das Seil zur Hälfte zusammen und schleudert es dicht über dem Erdboden um sich herum. Suse, Ina und Andi stellen sich in gleichmäßigem Abstand von ihm auf und springen bei jeder Drehung über das Seilende. Wer es berührt, muß ausscheiden und Timo ablösen.

»Laßt uns jetzt

Figurenwerfen

spielen«, wünscht sich Ina.
Sie faßt mit ihrer rechten Hand Suses Rechte an, dreht sich um die eigene Achse und läßt Suse dann los. Suse dreht sich noch ein paarmal und bleibt schließlich reglos als lustige Figur mit einer Grimasse im Gesicht stehen. Timo und Andi werden ebenfalls von Ina herumgewirbelt und zu Figuren ausgeworfen. Alle drei dürfen sich so lange nicht bewegen, bis Ina entschieden hat, wer am witzigsten aussieht. Dieser Sieger wirft dann in der zweiten Runde die Figuren aus.

»Was spielt ihr denn für einen Quatsch?« Zwei Jungen stehen am Gartenzaun und lachen. Es sind Timos Schulfreunde Oliver und Christian. »Kommt rein!« ruft Ina ihnen zu. »Dann können wir

Mutter, Mutter darf ich reisen?

spielen.
Oliver stellt sich mit dem Gesicht zur Wand ans Haus, damit er uns nicht sehen kann, und wir gehen bis zum Hofende zurück. Ich rufe nun: ›Mutter, Mutter darf ich reisen?‹ Oliver kann ›ja‹ oder ›nein‹ sagen. Wenn er mit ›ja‹ antwortet, frage ich: ›Wohin?‹ und Oliver sagt eine Stadt oder ein Land. Ich darf dann so viele Sprünge nach vorn machen, wie das Wort Silben hat. Also zum Beispiel für Rom nur einen Sprung, aber für Niederlande gleich vier Sprünge hintereinander. Dann kommt ihr alle der Reihe nach dran. Und so geht es immer

Eine kleine Mickymaus
zog sich mal die Hose aus ...

weiter, bis schließlich der erste vorne an der Wand ankommt. Wenn er Oliver mit ausgestrecktem Arm berühren kann, hat er gewonnen und darf ihn ablösen. Aber damit das ganze Spiel spannender wird, kann Oliver uns unterwegs auch zurückschicken.

Dann antwortet er auf die Frage ›Wohin?‹ einfach ›Zurück nach Hause‹, und derjenige muß am Hofende wieder neu anfangen.«
»Ich verstelle meine Stimme, wenn ich dran bin, damit Oliver mich nicht erkennt. Sonst schickt er mich zurück«, sagt Christian.
Später kommt Inas Oma mit Tee für alle. Das schmeckt gut.
»Ich kenn noch ein Spiel«, ruft Oliver. »Das heißt

Eine Tasse Tee

Er dreht sich zur Wand um, während die anderen wieder zum Hofende zurückgehen. Dann ruft er ganz langsam: »Eine Tasse Tee!« Die Kinder laufen so schnell sie können auf ihn zu. Erst als Christian das letzte Wort zu Ende gesprochen hat und sich blitzschnell umdreht, bleiben alle ganz still stehen. Aber Timo hält es nicht lange aus. Er bewegt sich und wird von Christian zurückgeschickt. Er muß noch einmal beim Hofende anfangen. Christian dreht sich wieder zur Wand um und ruft ganz langsam: »Zwei Millionen Tassen Tee!« Als er sich diesmal umdreht, erwischt er Suse und Ina beim Wackeln und schickt sie zurück. Damit die anderen nicht zu schnell bei ihm ankommen, ruft Christian ab und zu einfach nur das Wort ›Tee‹ und dreht sich gleich wieder um. Dann bewegen sich fast alle noch und müssen von vorne anfangen. »Das ist gemein!« findet Andi und macht nur ganz kleine, vorsichtige Schritte, damit er sofort stehenbleiben kann, wenn Christian sich wieder umdreht. Dadurch ist er der einzige, der nicht mehr beim Wackeln erwischt wird, und kommt schließlich zuerst bei Christian an der Wand an. Nun darf Andi das nächste Spiel vorschlagen.

Er entscheidet sich für

Herr Fischer, Herr Fischer

Er stellt sich an die Hauswand, und die anderen Kinder laufen zum Hofende zurück. Sie rufen Andi zu: »Herr Fischer, Herr

... zog sie wieder an,
und du bist dran!

Fischer, wie tief ist das Wasser?« und er antwortet: »Zehn Zentimeter tief!« Darauf fragen die anderen: »Wie kommt man hinüber?« Andi ruft: »Hopsen!« Nun hopsen

alle los und versuchen, die Hauswand zu erreichen, ohne von Andi abgeschlagen zu werden. Aber der ist ein Meister im Springen. Mit riesigen Sätzen verfolgt er die anderen wie ein Känguruh und erwischt Timo und Ina. Sie müssen ihm in der nächsten Runde beim Fangen helfen.
Die anderen stellen sich wieder ans Hofende und fragen: »Herr Fischer, Herr Fischer, wie tief ist das Wasser?« Diesmal antwortet Andi: »Einen Meter tief!« und läßt alle rückwärts gehen. Dabei werden Oliver und Christian eingefangen. Nur Suse schafft es bis zur Hauswand. Sie ist Siegerin und darf das nächste Spiel vorschlagen.

Ihr fällt

Plumpsack

ein, und sie läßt sich von Inas Oma ein altes Staubtuch geben. Die anderen Kinder setzen sich im Kreis hin. Während Suse außen um den Kreis herumgeht, ruft sie: »Dreh dich nicht um, der Plumpsack geht rum. Wer sich umdreht oder lacht, kriegt den Buckel blau gemacht!« Dabei läßt sie das Staubtuch unauffällig hinter Ina auf den Boden fallen. Aber Ina hat es gemerkt. Sie hebt es auf und rennt hinter Suse her. Doch die ist schneller. Sie erreicht den leeren Platz im Kreis, bevor Ina sie einholt.
Nun ruft Ina den Vers und geht um die anderen herum. Sie tut so, als ob sie das Staubtuch hinter Timo fallen läßt, legt es aber dann hinter Oliver. Der ist mit seinen Gedanken nicht ganz bei der Sache und merkt nichts. Als Ina wieder hinter ihm angekommen ist, klatscht sie in die Hände und ruft: »Eins, zwei, drei, verfaultes Ei!« Zur Strafe muß Oliver in die Mitte des Kreises. Ina ist noch einmal dran. Während sie ihren Vers sagt, legt sie das Tuch diesmal hinter Andi. Der entdeckt es sofort und spurtet so schnell los, daß er Ina abschlägt, bevor sie auf dem leeren Platz angekommen ist. Nun muß sie in den Kreis, und Oliver darf wieder herauskommen und sich auf Andis Platz setzen.

Heute ist ein ganz besonders schöner Tag. Der Himmel ist blau, und die Sonne scheint. Das bringt die Kinder auf ein Spiel, das nur bei Sonnenschein funktioniert:

Schattenspringen

Christian ist der erste Springer. Die anderen Kinder verteilen sich um ihn herum. Christian ruft: »Einen Schatten such ich mir und spring darauf wie auf Papier!« Christian muß nun versuchen, auf den Schatten eines Mitspielers zu springen. Das ist gar nicht so einfach, denn die anderen bleiben natürlich nicht auf einem Fleck stehen. »Ihr dürft nicht zu weit weglaufen«, meint Christian. »Sonst erwische ich ja niemals einen.« Er malt ein Spielfeld auf, über dessen Linien keiner hinaus darf. Nun ist es leichter, und er schafft es, auf Suses Schatten zu springen. Nun ist Suse dran.
Inzwischen sind noch zwei Mädchen aus der Nachbarschaft gekommen. »Das sind Katja und Simone«, sagt Timo. »Die gehen in meine Klasse. Wollen wir sie mitspielen lassen?«
»Klar«, meint Ina. »Dann spielen wir alle zusammen

Versteck

Je mehr Kinder mitmachen, desto mehr Spaß bringt es.«
Sie zählen aus, wer zuerst suchen soll. Es ist Simone. Sie stellt sich mit dem Gesicht zur Hauswand und ruft laut: »Eins, zwei, drei, vier, Eckstein. Alles muß versteckt sein. Hinter mir, das gilt nicht! Eins, zwei, drei, ich komme!«
Simone will sich auf die Suche nach den anderen machen, die sich inzwischen überall auf dem Grundstück versteckt haben. Aber Katja ruft: »Nein, das war zu schnell. Ich habe noch kein Versteck gefunden!« – »Na gut«, meint Simone, »ich zähle noch bis zehn! Aber dann fang ich wirklich an zu suchen.«
Im Garten und im Haus von Inas Großeltern gibt es viele tolle Verstecke, und es ist gar nicht so leicht für Simone, die anderen zu finden. Als erstes entdeckt sie Timo und Andi hinter dem Dielentor. Sie rennt schnell zur Hauswand, schlägt mit der Hand dagegen und ruft: »Eins, zwei, drei für Timo! Eins, zwei, drei für Andi!« Die beiden Jungen kommen aus ihrem Versteck und stellen sich an die Hauswand. Simone geht in den Garten und sucht hinter den Büschen weiter. Da kommt Ina plötzlich um die Hausecke geflitzt,

schlägt gegen die Wand und ruft: »Eins, zwei, drei! Alle wieder frei!« Nun dürfen sich Timo und Andi und Ina noch einmal verstecken, während Simone wieder, mit dem Gesicht zur Hauswand, ihren Vers ruft.
Bei der zweiten Runde ist sie vorsichtiger. Sie dreht sich immer wieder um, während sie die anderen sucht, damit sich keiner unbemerkt freischlagen kann. Wenn sie ein Kind gefunden hat, rennt sie, so schnell sie kann, zur Hauswand zurück und schlägt es ab. Zuletzt fehlt nur noch Suse. Sie sitzt in der alten Regentonne. Timo hat gesehen, wie sie hineingestiegen ist. Als Simone immer näher herangeht, ruft er: »Bleib im Versteck und rühr dich nicht!« Aber Simone ahnt schon, wo Suse steckt. Sie schleicht ganz leise zur Tonne, sieht hinein und läuft schnell zur Hauswand zurück, um Suse abzuschlagen.

Andi ist zuerst von Simone abgeschlagen worden, deshalb muß er nun suchen. Er schlägt allerdings ein anderes Versteckspiel vor:

Pulepup

»Als Mal nehmen wir statt der Hauswand diese alte Blechdose«, erklärt Andi. »Einer von euch muß sie mit dem Fuß möglichst weit wegschießen und ›Pulepup‹ rufen. Ihr versteckt euch, während ich die Dose hole. Auch beim Freischlagen müßt ihr sie wegschießen und ›Pulepup‹ rufen. Dann können sich alle, die ich bis dahin schon abgeschlagen habe, wieder verstecken, während ich die Dose zurückhole. Also los!«
Oliver ruft: »Pulepup!« und tritt mit voller Wucht gegen die Dose, so daß sie in hohem Bogen über den Hof fliegt. Andi rennt hinterher, um sie zu holen, und die anderen verstecken sich schnell. Als er sie wieder an ihren Platz gestellt hat, sieht er Suses rote Hose durch einen Busch schimmern. Er tippt mit der Fußspitze auf die Dose und ruft: »Eins, zwei, drei für Suse!«
Hinter dem Haus hört Andi jemanden lachen. Er schleicht um die Ecke und entdeckt Oliver. Aber Oliver kann schneller rennen. Er ist zuerst bei der Dose, schießt sie weg und schreit »Pulepup«, bevor Andi sie mit dem Fuß berührt und Oliver abschlägt. Andi rennt hinter der Dose her, und Oliver und Suse suchen sich ein neues Versteck.
Immer wieder gelingt es einem der Kinder, vor Andi an der Dose zu sein und die anderen freizuschlagen.

»Ich habe keine Lust mehr, euch allein zu suchen«, ruft Andi schließlich. Da schlägt Timo vor,

Räuber und Gendarm

zu spielen.
»Dazu brauchen wir zwei Mannschaften«, erklärt Timo. »In der einen sind die Räuber, in der anderen die Gendarmen. Und damit wir sie auseinanderhalten können, spielen die Mädchen gegen die Jungen.«
»Oder die Räuber müssen ein Tuch umbinden, an dem man sie erkennen kann«, meint Katja. »Nein, wir wollen die Räuber sein! Dreht euch um und zählt bis zehn, damit wir uns verstecken können!« ruft Suse den Jungen zu.
Die Räuber verstecken sich, und die Gendarmen fangen an zu suchen. »Wenn wir einen Räuber gefunden haben, muß einer von uns bei ihm bleiben und aufpassen, daß er sich nicht wegschleicht«, flüstert Oliver den anderen drei Gendarmen zu. »Ja, die Gefangenen werden immer wieder versuchen, sich zu verstecken, wenn wir es nicht merken«, vermutet Timo. »Am besten wäre es, wenn Andi und ich suchen, während Oliver und Christian die gefangenen Räuber bewachen. Dann erwischen wir die vier Mädchen ganz schnell und gewinnen.«
Aber da haben sich die Jungen gewaltig geirrt. Denn die Räuber sind schlau und lassen sich nicht so leicht finden. Die Jungen suchen und suchen. Es sieht so aus, als ob das Spiel niemals zu Ende geht. Tatsächlich, als sie fertig sind, fängt es schon an zu dämmern. Alle verabreden sich für den nächsten Tag.

Am nächsten Tag sind die Jungen zuerst da. Sie sehen sich auf dem Hof um. In der Ecke beim Holzhaufen entdecken sie zwei alte Fahrradfelgen. Sie fragen Inas Opa, ob sie damit

Reifentreiben

spielen dürfen.
»Wir brauchen dafür auch dicke Stöcke«, sagt Christian, und Inas Opa sägt ihnen noch zwei Rundhölzer zurecht. Sie markieren auf der Hofzufahrt eine Start- und eine Ziellinie, und der Spaß kann losgehen.

Zuerst spielen Andi und Timo gegeneinander. Sie stellen sich startbereit nebeneinander auf. Christian ruft: »Achtung, fertig, los!« Die beiden treiben ihre Reifen mit den Hölzern, so schnell sie

können, auf das Ziel zu. Es ist gar nicht so einfach. Die alten Felgen laufen immer wieder aus der Spur und landen in der Hecke. Wenn ein Reifen umkippt, muß der Treiber zur Startlinie zurück und dort noch einmal anfangen.
Timo schafft die Bahn als erster ohne Fehler. Er darf jetzt gegen Christian antreten. Auch gegen ihn gewinnt er und muß schließlich noch gegen Oliver spielen. Timo wird Sieger. Die anderen drei treten nun gegeneinander an und ermitteln die weitere Reihenfolge. Inzwischen sind auch die Mädchen da. Und Inas Oma kommt mit Eistüten aus dem Haus. »Vanille, Schokolade und Erdbeer. Jeder darf sich seine Lieblingssorte aussuchen«, sagt sie zu den Kindern und hält ihnen die leckeren Erfrischungen hin. Während alle genußvoll schlecken, fragt die Oma: »Kennt ihr eigentlich

Bäumchen, Bäumchen wechsle dich

Das könnt ihr doch nachher im Obstgarten spielen. Wie viele seid ihr denn?« Ina zählt. »Sieben«, antwortet sie. »Nein, acht. Du hast dich vergessen!« sagt Timo. »Dann reichen die vier Apfel- und drei Pflaumenbäume als Mal«, überlegt die Großmutter. »Die beiden Birnbäume und die Kirsche laßt ihr aus. Wer sein Eis aufgegessen hat, kann schon zu einem Baum laufen. Der letzte muß sich in die Mitte stellen und rufen: ›Bäumchen, Bäumchen, wechsle dich!‹ Alle Spieler suchen sich schnell einen anderen Baum als Mal. Wer keinen abbekommt, stellt sich in die Mitte und ruft wieder: ›Bäumchen, Bäumchen, wechsle dich!‹«

»Laßt uns jetzt wieder mit meinem großen Ball spielen«, schlägt Timo nach einer Weile vor. Die anderen sind einverstanden. Aber sie wollen lieber zum Dorfplatz gehen, weil sie sich auf dem Hof von Inas Großeltern mit dem Ball zu sehr vorsehen müssen. Auf der Fußballwiese sind noch mehr Kinder. Sie beschließen, alle zusammen

Abbackern

zu spielen. Oliver erklärt die Regeln: »Ihr stellt euch in einem großen Kreis auf, und ich geh in die Mitte. Nun müßt ihr euch den Ball zuspielen und versuchen, mich

damit abzuwerfen. Ich darf den Ball nicht berühren, also auch nicht fangen. Wer mich trifft, kommt als nächster in die Mitte, und ich stelle mich auf seinen Platz im Kreis.«
»Ich kenne das Spiel«, sagt Ina. »Wir müssen den Ball so schnell wie möglich hin- und herwerfen und dann plötzlich auf Oliver zielen, sonst erwischen wir ihn nicht. Täuschen ist dabei auch wichtig.«

Durch das laute Lachen und Rufen der Spieler werden immer mehr Kinder auf den Dorfplatz gelockt. Schließlich ist beinah die ganze Klasse von Timo versammelt. Alle möchten mitspielen. »Wir teilen uns in zwei Mannschaften auf und spielen

Völkerball

schlägt Christian vor. Er malt das Spielfeld auf: ein großes Rechteck, das in der Mitte durch eine Linie in zwei gleichgroße Hälften geteilt wird. Die Spielregeln braucht niemand zu erklären; denn die Kinder kennen sie: Jede Mannschaft besetzt eine Feldhälfte und schickt einen Spieler nach außen an die gegenüberliegende Grundlinie der Gegner.
Nun werfen sich die zusammengehörenden Spieler den großen Ball über das Feld der Gegner hinweg zu und versuchen, die anderen dabei abzuwerfen. Die Gegenspieler laufen ständig hin und her, um zu verhindern, daß sie getroffen werden. Wer abgeworfen wird oder über die Linien des Feldes tritt, muß ausscheiden. Gelingt es einem Spieler der Gegner, den Ball aus der Luft abzufangen, so ist seine Mannschaft am Zuge und versucht nun ihrerseits, die anderen abzuwerfen. Rollt oder fliegt der Ball beim Abwerfen über die Seitenlinien hinaus, so bekommt ihn die Mannschaft, die ihn nicht zuletzt berührt hat. Schließlich verliert eine Mannschaft, weil sie keinen einzigen Feldspieler mehr hat.

Nun schlägt Andi

Jägerball

vor. Auch dieses Spiel dreht sich ums Abwerfen. Anfänger benutzen dafür einen großen, Könner einen kleinen Ball. Gespielt wird in einem einzigen großen Spielfeld. Alle Spieler stellen sich hinein. Andi ist der ›Jäger‹. Er muß die anderen mit dem Ball treffen und sie dadurch zu seinen Gehilfen machen. Damit man die Jäger von den übrigen Spielern unterscheiden kann, bekommen sie eine Mütze, ein Tuch oder einen Schal als Erkennungszeichen. Solange Andi allein im Spielfeld jagt, darf er mit dem Ball hin- und herlaufen. Sobald er jedoch Gehilfen hat, darf keiner mit dem Ball in der Hand mehr als drei Schritte laufen. Die Jäger müssen dann durch schnelles und geschicktes Zuspielen versuchen, die anderen Spieler ein-

zukreisen und abzuwerfen.
Zuletzt bleibt nur noch Simone übrig. Sie läuft im Spielfeld so schnell und geschickt hin und her, daß die Jäger sie mit ihrem kleinen Ball nicht treffen. »Du hast gewonnen und kannst dir jetzt ein Spiel aussuchen«, sagt Katja.

»Ich möchte gerne

Schlagball

spielen«, schlägt Simone vor. »Ich laufe schnell nach Hause und hole meinen Tennisball. Wer hat einen Stock zum Schlagen?« – »Bring deinen alten Tennisschläger mit. Der geht auch«, meint Timo. Er zieht die Linien vom großen Spielfeld noch einmal kräftig nach, weil sie fast nicht mehr zu erkennen sind, und steckt an den vier Ecken Stöcker in den Boden. »Das sind die Male!« ruft er den anderen zu.
»Ich kenne die Spielregeln gar nicht. Kannst du sie mir erklären?« fragt Ina. »Klar«, sagt Timo. »Wir bilden zwei Mannschaften. Die eine geht ins Spielfeld, die andere stellt sich vorne an die Linie zum Schlagen. Der erste Spieler muß den Ball möglichst weit über das Feld schlagen. Und während die Gegner den Ball holen, rennt er einmal außen um das Spielfeld herum. Die Gegner müssen den Ball dann entweder so schnell wie möglich hinter die Schlaglinie zurückwerfen oder versuchen, den Läufer damit zu treffen. Sobald der Ball hinter der Schlaglinie ankommt, wird ›stopp‹ gerufen, und der Läufer muß anhalten. Wenn er dann zwischen zwei Malen steht, zählt sein Lauf nicht. Er muß zur Schlaglinie zurück und sich bei seiner Mannschaft wieder hinten anstellen, um noch einmal zu schlagen.« – »Also bleib unterwegs lieber an einem Mal stehen, wenn du nicht ganz sicher bist, daß du es bis zum Ziel schaffst«, rät Suse. »Du kannst dann weiterlaufen, wenn der nächste Schläger an der Reihe ist.«
»Für jeden Spieler, der das Ziel erreicht, bekommt seine Mannschaft einen Punkt«, erklärt Timo weiter. »Aber ich kann nicht gut schlagen«, sagt Ina. »Jeder Schläger hat drei Versuche«, beruhigt Timo sie. »Du wirst es schon schaffen.«
»Und wann kommt die andere Mannschaft an die Reihe?« fragt Ina. »Wenn von deiner Mannschaft alle Spieler unterwegs sind und keiner mehr an der Schlaglinie steht, ist Seitenwechsel«, antwortet Suse.

»Das kann ja ewig dauern, wenn eine Mannschaft nur gute Schläger und Läufer hat«, überlegt Ina.
»Dann müssen die anderen eben

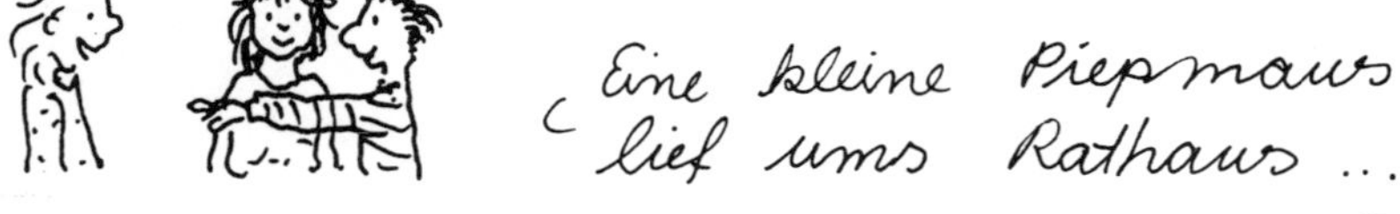

versuchen, die Läufer zwischen den Malen abzuwerfen«, antwortet Timo. »Wenn sie einen zwischen zwei Malen treffen, ist nämlich auch Seitenwechsel.« – »Übrigens kann man auch als Feldspieler für seine Mannschaft Punkte holen«, fällt Suse ein. »Du brauchst den Ball nur nach dem Abschlag aufzufangen.« – »Nur ist gut«, lacht Ina. »Das ist bestimmt gar nicht so einfach. Aber ich werde es versuchen.«

Die beiden Mannschaften kämpfen um jeden Punkt. Sie haben schon ein paarmal die Seiten gewechselt. Jetzt ist Suse dran. Sie schlägt den Ball mit aller Kraft über die Köpfe der Gegner hinweg bis aufs Dach vom Feuerwehrhaus. Da bleibt er in der Regenrinne liegen. »Das war es dann wohl«, meint Andi. »Den bekommen wir erst Sonnabend wieder, wenn unsere Wettkampfgruppe mit der Rettungsleiter übt.«

»Ach, das ist doch nicht so schlimm«, sagt Timo. »Ich kenne ganz viele Spiele, bei denen man keinen Ball braucht. Wir fangen mit

Dritten Abschlag

an. Dafür brauchen wir auch wieder zwei Mannschaften. Sie stellen sich im Abstand von ungefähr zwanzig Schritten mit dem Gesicht zueinander auf. Der erste Spieler einer Mannschaft rennt als Läufer zu den Gegnern hinüber, die ihre rechte Hand nach vorne strecken. Alle zählen laut mit, während der Läufer dreimal zuschlägt. Bei ›drei‹ rennt er zu seiner Mannschaft zurück und derjenige, der den dritten Schlag bekommen hat, als Fänger hinterher.
Erwischt der Fänger den Läufer unterwegs, nimmt er ihn als Beute mit zu seiner Mannschaft zurück. Der Gefangene muß sich dann dort hinter dem Fänger aufstellen.
Erwischt der Fänger den Läufer nicht, wird er selber zur Beute und muß sich auf der gegnerischen Seite hinter dem Läufer aufstellen.
Das Spiel wiederholt sich nun mit dem ersten Läufer der zweiten Mannschaft. Danach ist der zweite Läufer der ersten Mannschaft und anschließend der zweite Läufer der zweiten Mannschaft an der Reihe.
So geht es immer weiter, bis jeder einmal Läufer gewesen ist. Gewonnen hat die Mannschaft, die am meisten Gefangene macht.«

... eine wipp, eine wapp,
und du bist ab!

Das bringt viel Spaß. Als sie fertig sind, schlägt Katja vor,

Tag und Nacht

zu spielen.
Sie bilden zwei Mannschaften. Die Spieler der einen binden sich Tücher um, damit man sie besser erkennen kann. Sie stellen sich rechts von der Startlinie auf, während sich die anderen links an die Startlinie stellen. Nun wird es spannend, denn keine Mannschaft weiß im voraus, wer Läufer und wer Fänger wird. Das entscheidet Katja, indem sie eine Münze auf den Boden wirft. Wenn die Zahl zu sehen ist, ruft sie »Tag«, und die Mannschaft mit den Tüchern muß die gegnerischen Spieler fangen. Fällt die Münze mit der Zahl nach unten auf die Erde, ruft Katja »Nacht«, und diesmal sind die anderen die Fänger. Wer abgeschlagen wird, muß ausscheiden. Wenn eine Mannschaft den letzten Gegner erwischt hat, ist sie Sieger.

Als nächstes Spiel schlägt jemand

Zublinzeln

vor. Die Kinder stellen sich paarweise im Kreis auf. Wer hinten steht, muß die Hände auf den Rücken halten. Simone hat keinen Partner abbekommen. Deshalb muß sie sich nun jemanden heranblinzeln.
Sie plinkert Christian zu, aber Oliver, der hinter ihm steht, paßt auf und schlingt blitzschnell seine Arme um ihn. Bei Timo hat Simone mehr Glück. Ina, die hinter ihm steht, merkt zu spät, daß ihm zugeblinzelt wird, und verliert dadurch ihren Vordermann. Nun muß sie sich jemanden heranblinzeln. Sie versucht es bei Christian, denn in den ist sie heimlich verknallt. Aber auch diesmal paßt Oliver auf und hält ihn schnell fest. Erst beim zweiten Versuch gelingt es Ina, Christian heranzublinzeln.

Anschließend spielen die Kinder

Komm mit – lauf weg

Sie stellen sich einzeln nebeneinander in einem großen Kreis auf. Oliver ist der erste Läufer. Er rennt außen um die anderen herum, tickt Ina ab und ruft: »Komm mit!« Ina verfolgt Oliver und versucht, an ihm vorbei als erste auf den freigewordenen Platz zu kommen. Aber sie schafft es nicht. Oliver erreicht die Lücke vor ihr. Nun ist Ina die

Läuferin. Sie berührt Katja und ruft: »Lauf weg!« Katja spurtet in entgegengesetzter Richtung los und ist vor Ina auf dem leeren Platz. Deshalb muß Ina noch einmal Läuferin sein.

Nach einigen Runden fassen sich die Kinder im Kreis an und spielen

Katze und Maus

Andi ist die Katze und Suse die Maus. Andi versucht, Suse zu erwischen. Aber das ist gar nicht so leicht; denn die Maus darf überall unter den Armen der Mitspieler hindurch in den Kreis hinein oder heraus. Wenn die Katze hinterherlaufen will, halten die anderen ihre Arme schnell nach unten und versuchen, dadurch die Verfolgung zu verhindern.
Aber schließlich gelingt es Andi doch, Suse zu fangen. Damit ist die erste Runde zu Ende. Nun dürfen sich die beiden zwei andere Spieler als Katze und Maus aussuchen und sich an die freigewordenen Plätze in den Kreis stellen. Christian zählt nach, wie viele Kinder inzwischen auf dem Dorfplatz spielen. »Jetzt sind wir achtzehn«, freut er sich. Das reicht für

Hase im Kohl

Jeweils drei Kinder fassen sich zu einem kleinen Kreis an. Sie sind die Kohlköpfe, die in ihrer Mitte einen vierten Spieler als Hasen beherbergen. Auf dem Spielfeld gibt es noch einen weiteren Hasen und den Fuchs. Ina ist der Fuchs. Sie versucht, den Hasen zu erwischen. Aber der rettet sich schnell in einen Kohlkopf. Nun muß der Hase, der bisher dort gesteckt hat, seine Deckung verlassen und vor dem Fuchs wieder in einen anderen Kohlkopf fliehen.
Ina ist schnell und geschickt. Sie erwischt Timo, als er aus seinem Kohlkopf gedrängt wird, und schlägt ihn ab. Nun ist Timo der Fuchs, und Ina flüchtet sich als Hase in einen Kohlkopf.

Frau Baier, die Lehrerin von Timo, steht schon einige Zeit auf dem Dorfplatz und sieht den Kindern zu. »Was haltet ihr denn von einem Spielfest morgen bei mir zu Hause?« fragt sie. »Wer Lust hat, kann nachmittags um drei kommen. Es sieht nach gutem Wetter aus.« Die Jungen und Mädchen stimmen vor Freude ein lautes Indianergeheul an. Und am nächsten Tag versammelt sich auf der großen Wiese neben dem Lehrerhaus fast die ganze Klasse. Frau Baier hat schon allerlei vorbereitet. Zuerst gibt es Saft für die ganze Mannschaft, und alle dürfen sich an der Negerkuß-Wurfmaschine stärken. Dann beginnt der lustige

Dreibein-Wettlauf

Die Kinder bilden zwei Mannschaften. Die Spieler stellen sich paarweise hintereinander an der Startlinie auf. Frau Baier bindet den beiden ersten Paaren zwei Beine mit einem Schal zusammen, und auf ›Achtung, fertig, los!‹ beginnt der schwierige Wettlauf. »Ihr müßt um den Blumenkübel dahinten herum und dann wieder zu eurer Mannschaft zurücklaufen, den Schal von den Beinen abknoten und das nächste Paar zusammenbinden«, erklärt Frau Baier.

Ina und der große Oliver gehen für ihre Mannschaft als erstes Paar auf die Rennstrecke. Sie verkreuzen ihre Arme hinter dem Rücken und versuchen, mit gleichmäßigen Schritten möglichst schnell vorwärtskommen. Oliver holt mit seinen langen Beinen kräftig aus und zieht Ina einfach mit. Aber sie kann das Tempo nicht lange halten, kommt ins Stolpern und reißt Oliver um. Nun holen Christian und Katja als erstes Paar von der anderen Mannschaft auf. Aber auch sie fallen unterwegs ein paarmal hin. Die anderen feuern sie immer wieder an und lachen und johlen. Es wird ein spannendes Kopf-an-Kopf-Rennen, und das letzte Paar der Siegermannschaft schlägt die Gegenspieler nur ganz knapp.

Inzwischen hat Frau Baier schon ein langes, dickes Seil zum

Tauziehen

bereitgelegt. »Mädchen gegen Jungen!« schlägt jemand vor. »Ja, Frau Baier kommt mit auf unsere Seite!« ruft Simone. Die Kinder nehmen das Tau in die Hände und fangen an zu ziehen. »Halt! So klappt das nicht!« sagt die Lehrerin. »Bleibt jetzt mal alle ruhig stehen. Es geht erst los, wenn ich das Kommando gebe.« Sie zählt bis drei, und der Wettkampf beginnt.
Alle Kinder ziehen an dem Seil, so kräftig sie können. Einmal bringen die Mädchen die Jungen zu sich über die Mittellinie, und dann ist es wieder umgekehrt. Viele haben von der Anstrengung schon einen ganz roten Kopf. Da feuert Frau Baier ihre Riege mit ›Hau ruck!‹ an. Und siehe da: Es hilft. Die Jungen stemmen sich zwar mit aller Kraft dagegen, aber schließlich können sie sich nicht mehr halten.

Nun holt Frau Baier zwei lange Kochlöffel und schlägt einen

Negerkußlauf

vor. Die Kinder bilden wieder zwei Mannschaften und stellen sich an der Startlinie auf. Auf dem Rasen sind einige Stühle als Hindernisse aufgestellt. Frau Baier legt den ersten beiden Läufern je einen Negerkuß auf den Kochlöffel und sagt: »Paßt auf, daß er euch unterwegs nicht auf den Boden fällt. Wer ihn heil ins Ziel bringt, kann ihn aufessen.«

Danach schleppt Frau Baier einen Karton mit vielen lustigen Sachen für eine

Kleiderstaffel

herbei. »Wir brauchen wieder zwei Mannschaften!« ruft sie den Kindern zu, während sie passendes Zeug heraussucht: altmodische Kleider mit langen, weiten Röcken, hohe Stöckelschuhe, schwarze Handschuhe, rosa Unterröcke mit Spitzen, Strohhüte mit bunten Bändern und alte Einkaufstaschen.
Die Kinder stellen sich an der Startlinie hintereinander auf, und Frau Baier verteilt die Kleidungsstücke gleichmäßig an die Mannschaften. »Die beiden ersten Läufer ziehen sich auf mein Kommando an, nehmen eine Tasche und rennen so schnell wie möglich zum Blumenkübel. Dort müssen sie sich wieder ausziehen, alle Teile in die Tasche stopfen und dem nächsten zurückbringen«, erklärt die Lehrerin. »Also los!«
Andi und Christiane sind die ersten. Sie ziehen sich in Windeseile an, nehmen ihre Taschen und rasen los. Aber sie sind noch nie auf Stöckelschuhen gelaufen. Sie knicken immer wieder um, verlieren beim Hinfallen ihre Hüte und haben große Mühe, überhaupt ans Ziel zu kommen. Die Lachmuskeln kommen bei diesem Spiel voll auf ihre Kosten.

Frau Baier kennt viele lustige Spiele.

Die Schlange beißt sich in den Schwanz

bringt den Kindern auch großen Spaß. Dazu stellen sie sich hintereinander und legen dem Vordermann die Hände auf die Schultern, Simone ist die erste. Sie muß nun als Schlangenkopf versuchen, das Schwanzende zu erwischen. Das ist gar nicht einfach: denn die Schlange bewegt sich nur sehr schwerfällig und reißt immer wieder. Aber schließlich gelingt es Simone doch, Ina zu berühren, die am Ende läuft. Nun hängt sich Simone als Schwanzspitze dran, und Andi, der hinter ihr war, wird zum neuen Schlangenkopf.

»Zum Schluß möchte ich euch noch die

Meiersche Brücke

erklären«, sagt Frau Baier. »Dieses Spiel kennt bestimmt keiner mehr. Aber wir haben es früher fast jeden Tag gespielt. Ich bin neugierig, ob es euch gefällt«, sagt Frau Baier. Sie nimmt Olivers Hände und bildet mit ihm eine Brücke. »Ihr anderen faßt euch alle an, geht unter unseren Armen durch und singt:

›Die Meiersche Brücke,
die Meiersche Brücke,
die ist so sehr zerbrochen.
Wer hat sie zerbrochen, wer hat sie zerbrochen?
Ein Mann mit seiner Tochter.
Die erste nicht, die zweite nicht,
die dritte wird gefangen
mit Spießen und mit Zangen.‹«

Frau Baier und Oliver lassen ihre Arme heruntersausen und halten Ina fest, die gerade unter der Brücke hindurchgeht. Sie ziehen sie ein wenig zur Seite, so daß die anderen nicht hören können, was gesprochen wird, und fragen: »Apfel oder Birne?« Ina entscheidet sich für ›Apfel‹ und muß sich nun hinter Oliver stellen. Lied und Spiel beginnen wieder von vorne, bis sich alle Kinder als ›Apfel‹ hinter Oliver oder als ›Birne‹ hinter Frau Baier aufgestellt haben. Am Spielbeginn haben Frau Baier und Oliver bereits unter sich ausgemacht, daß ›Apfel‹ das Geheimwort für ›Engel‹ und ›Birne‹ das Geheimwort für ›Teufel‹ sein soll. Jetzt klatschen sie in die Hände und rufen den ›Äpfeln‹ hinter Oliver zu: »Da stehen die Engel, da stehen die Engel!« Zu den ›Birnen‹ hinter Frau Baier sagen sie: »Da stehen die Teufel, da stehen die Teufel«, und reiben schadenfroh die Hände.

Die Engel dürfen sich nun nacheinander auf die Arme von Frau Baier und Oliver legen und wiegen lassen, während alle Kinder im Takt rufen: »Die Engel werden gewogen, gehoben, gewogen, gehoben.« Anschließend sind die Teufel dran. Sie müssen sich zwischen die Arme von Frau Baier und Oliver stellen und werden kräftig hin- und hergeschüttelt, während alle Kinder im Rhythmus dazu rufen: »Die Teufel werden gerüttelt, geschüttelt, gerüttelt, geschüttelt!«

»Das ist wirklich ein komisches Spiel«, meint ein großer Junge.

»Aber bringt doch Spaß«, findet Suse und läßt sich noch einmal in den Himmel wiegen.

Ritz und Ratz, Maus und Katz,
Katz und Maus, du bist raus!